Artist _____

Album _____   Year _____

Track Name	Notes	Mood
		😐 😔 😮 🙂 😃
		😐 😔 😮 🙂 😃
		😐 😔 😮 🙂 😃
		😐 😔 😮 🙂 😃
		😐 😔 😮 🙂 😃
		😐 😔 😮 🙂 😃
		😐 😔 😮 🙂 😃
		😐 😔 😮 🙂 😃
		😐 😔 😮 🙂 😃
		😐 😔 😮 🙂 😃
		😐 😔 😮 🙂 😃
		😐 😔 😮 🙂 😃
		😐 😔 😮 🙂 😃
		😐 😔 😮 🙂 😃
		😐 😔 😮 🙂 😃
		😐 😔 😮 🙂 😃
		😐 😔 😮 🙂 😃
		😐 😔 😮 🙂 😃

Notes _____
_____
_____

Ratings ☆ ☆ ☆ ☆ ☆   **Mood**

Artist

Album _____ Year _____

Track Name	Notes	Mood
		🙂 😌 😲 😊 😃
		🙂 😌 😲 😊 😃
		🙂 😌 😲 😊 😃
		🙂 😌 😲 😊 😃
		🙂 😌 😲 😊 😃
		🙂 😌 😲 😊 😃
		🙂 😌 😲 😊 😃
		🙂 😌 😲 😊 😃
		🙂 😌 😲 😊 😃
		🙂 😌 😲 😊 😃
		🙂 😌 😲 😊 😃
		🙂 😌 😲 😊 😃
		🙂 😌 😲 😊 😃
		🙂 😌 😲 😊 😃
		🙂 😌 😲 😊 😃
		🙂 😌 😲 😊 😃
		🙂 😌 😲 😊 😃
		🙂 😌 😲 😊 😃

Notes _____

_____

_____

Ratings ☆ ☆ ☆ ☆ ☆   **Mood**

Artist

Album _____ Year _____

Track Name	Notes	Mood
		😐 😮 😮 🙂 😃
		😐 😮 😮 🙂 😃
		😐 😮 😮 🙂 😃
		😐 😮 😮 🙂 😃
		😐 😮 😮 🙂 😃
		😐 😮 😮 🙂 😃
		😐 😮 😮 🙂 😃
		😐 😮 😮 🙂 😃
		😐 😮 😮 🙂 😃
		😐 😮 😮 🙂 😃
		😐 😮 😮 🙂 😃
		😐 😮 😮 🙂 😃
		😐 😮 😮 🙂 😃
		😐 😮 😮 🙂 😃
		😐 😮 😮 🙂 😃
		😐 😮 😮 🙂 😃
		😐 😮 😮 🙂 😃
		😐 😮 😮 🙂 😃

Notes _____

_____

_____

Ratings ☆ ☆ ☆ ☆ ☆   **Mood**

Artist

Album _____   Year _____

Track Name	Notes	Mood
		☺ ☺ ☺ ☺ ☺
		☺ ☺ ☺ ☺ ☺
		☺ ☺ ☺ ☺ ☺
		☺ ☺ ☺ ☺ ☺
		☺ ☺ ☺ ☺ ☺
		☺ ☺ ☺ ☺ ☺
		☺ ☺ ☺ ☺ ☺
		☺ ☺ ☺ ☺ ☺
		☺ ☺ ☺ ☺ ☺
		☺ ☺ ☺ ☺ ☺
		☺ ☺ ☺ ☺ ☺
		☺ ☺ ☺ ☺ ☺
		☺ ☺ ☺ ☺ ☺
		☺ ☺ ☺ ☺ ☺
		☺ ☺ ☺ ☺ ☺
		☺ ☺ ☺ ☺ ☺
		☺ ☺ ☺ ☺ ☺
		☺ ☺ ☺ ☺ ☺

Notes _____

_____

_____

Ratings ☆ ☆ ☆ ☆ ☆   **Mood** ☺ ☺ ☺ ☺ ☺

Artist

Album   Year

Track Name	Notes	Mood
		😐 😮 😗 🙂 😀
		😐 😮 😗 🙂 😀
		😐 😮 😗 🙂 😀
		😐 😮 😗 🙂 😀
		😐 😮 😗 🙂 😀
		😐 😮 😗 🙂 😀
		😐 😮 😗 🙂 😀
		😐 😮 😗 🙂 😀
		😐 😮 😗 🙂 😀
		😐 😮 😗 🙂 😀
		😐 😮 😗 🙂 😀
		😐 😮 😗 🙂 😀
		😐 😮 😗 🙂 😀
		😐 😮 😗 🙂 😀
		😐 😮 😗 🙂 😀
		😐 😮 😗 🙂 😀
		😐 😮 😗 🙂 😀
		😐 😮 😗 🙂 😀

Notes

Ratings ☆ ☆ ☆ ☆ ☆   **Mood**   😀

Artist

Album _____ Year _____

Track Name	Notes	Mood
		😐 😌 😠 😊 😄
		😐 😌 😠 😊 😄
		😐 😌 😠 😊 😄
		😐 😌 😠 😊 😄
		😐 😌 😠 😊 😄
		😐 😌 😠 😊 😄
		😐 😌 😠 😊 😄
		😐 😌 😠 😊 😄
		😐 😌 😠 😊 😄
		😐 😌 😠 😊 😄
		😐 😌 😠 😊 😄
		😐 😌 😠 😊 😄
		😐 😌 😠 😊 😄
		😐 😌 😠 😊 😄
		😐 😌 😠 😊 😄
		😐 😌 😠 😊 😄
		😐 😌 😠 😊 😄
		😐 😌 😠 😊 😄

Notes _____

_____

_____

Ratings ☆ ☆ ☆ ☆ ☆   **Mood**

Artist

Album   Year

Track Name	Notes	Mood
		😐 😮 😮 🙂 😃
		😐 😮 😮 🙂 😃
		😐 😮 😮 🙂 😃
		😐 😮 😮 🙂 😃
		😐 😮 😮 🙂 😃
		😐 😮 😮 🙂 😃
		😐 😮 😮 🙂 😃
		😐 😮 😮 🙂 😃
		😐 😮 😮 🙂 😃
		😐 😮 😮 🙂 😃
		😐 😮 😮 🙂 😃
		😐 😮 😮 🙂 😃
		😐 😮 😮 🙂 😃
		😐 😮 😮 🙂 😃
		😐 😮 😮 🙂 😃
		😐 😮 😮 🙂 😃
		😐 😮 😮 🙂 😃
		😐 😮 😮 🙂 😃

Notes

Ratings ☆ ☆ ☆ ☆ ☆   **Mood**

Artist

Album _____ Year _____

Track Name	Notes	Mood
		😐 😌 😮 🙂 😄
		😐 😌 😮 🙂 😄
		😐 😌 😮 🙂 😄
		😐 😌 😮 🙂 😄
		😐 😌 😮 🙂 😄
		😐 😌 😮 🙂 😄
		😐 😌 😮 🙂 😄
		😐 😌 😮 🙂 😄
		😐 😌 😮 🙂 😄
		😐 😌 😮 🙂 😄
		😐 😌 😮 🙂 😄
		😐 😌 😮 🙂 😄
		😐 😌 😮 🙂 😄
		😐 😌 😮 🙂 😄
		😐 😌 😮 🙂 😄
		😐 😌 😮 🙂 😄
		😐 😌 😮 🙂 😄
		😐 😌 😮 🙂 😄

Notes _____

_____

_____

Ratings ☆ ☆ ☆ ☆ ☆   **Mood**

Artist

Album _____   Year _____

Track Name	Notes	Mood
		😐 😴 😮 🙂 😃
		😐 😴 😮 🙂 😃
		😐 😴 😮 🙂 😃
		😐 😴 😮 🙂 😃
		😐 😴 😮 🙂 😃
		😐 😴 😮 🙂 😃
		😐 😴 😮 🙂 😃
		😐 😴 😮 🙂 😃
		😐 😴 😮 🙂 😃
		😐 😴 😮 🙂 😃
		😐 😴 😮 🙂 😃
		😐 😴 😮 🙂 😃
		😐 😴 😮 🙂 😃
		😐 😴 😮 🙂 😃
		😐 😴 😮 🙂 😃
		😐 😴 😮 🙂 😃
		😐 😴 😮 🙂 😃
		😐 😴 😮 🙂 😃

Notes _____

_____

_____

Ratings ☆ ☆ ☆ ☆ ☆   **Mood**   😃

Artist

Album _____ Year _____

Track Name	Notes	Mood
		😐 😫 😲 😊 😁
		😐 😫 😲 😊 😁
		😐 😫 😲 😊 😁
		😐 😫 😲 😊 😁
		😐 😫 😲 😊 😁
		😐 😫 😲 😊 😁
		😐 😫 😲 😊 😁
		😐 😫 😲 😊 😁
		😐 😫 😲 😊 😁
		😐 😫 😲 😊 😁
		😐 😫 😲 😊 😁
		😐 😫 😲 😊 😁
		😐 😫 😲 😊 😁
		😐 😫 😲 😊 😁
		😐 😫 😲 😊 😁
		😐 😫 😲 😊 😁
		😐 😫 😲 😊 😁
		😐 😫 😲 😊 😁

Notes _____

_____

_____

Ratings ☆ ☆ ☆ ☆ ☆   **Mood**

Artist

Album   Year

Track Name	Notes	Mood
		😐 😴 😮 🙂 😀
		😐 😴 😮 🙂 😀
		😐 😴 😮 🙂 😀
		😐 😴 😮 🙂 😀
		😐 😴 😮 🙂 😀
		😐 😴 😮 🙂 😀
		😐 😴 😮 🙂 😀
		😐 😴 😮 🙂 😀
		😐 😴 😮 🙂 😀
		😐 😴 😮 🙂 😀
		😐 😴 😮 🙂 😀
		😐 😴 😮 🙂 😀
		😐 😴 😮 🙂 😀
		😐 😴 😮 🙂 😀
		😐 😴 😮 🙂 😀
		😐 😴 😮 🙂 😀
		😐 😴 😮 🙂 😀

Notes

Ratings ☆ ☆ ☆ ☆ ☆   **Mood**

Artist

Album   Year

Track Name	Notes	Mood
		😐 😔 😮 🙂 😄
		😐 😔 😮 🙂 😄
		😐 😔 😮 🙂 😄
		😐 😔 😮 🙂 😄
		😐 😔 😮 🙂 😄
		😐 😔 😮 🙂 😄
		😐 😔 😮 🙂 😄
		😐 😔 😮 🙂 😄
		😐 😔 😮 🙂 😄
		😐 😔 😮 🙂 😄
		😐 😔 😮 🙂 😄
		😐 😔 😮 🙂 😄
		😐 😔 😮 🙂 😄
		😐 😔 😮 🙂 😄
		😐 😔 😮 🙂 😄
		😐 😔 😮 🙂 😄
		😐 😔 😮 🙂 😄
		😐 😔 😮 🙂 😄

Notes

Ratings ☆ ☆ ☆ ☆ ☆   **Mood**

Artist

Album _____ Year _____

Track Name	Notes	Mood
		😐 😴 😮 🙂 😃
		😐 😴 😮 🙂 😃
		😐 😴 😮 🙂 😃
		😐 😴 😮 🙂 😃
		😐 😴 😮 🙂 😃
		😐 😴 😮 🙂 😃
		😐 😴 😮 🙂 😃
		😐 😴 😮 🙂 😃
		😐 😴 😮 🙂 😃
		😐 😴 😮 🙂 😃
		😐 😴 😮 🙂 😃
		😐 😴 😮 🙂 😃
		😐 😴 😮 🙂 😃
		😐 😴 😮 🙂 😃
		😐 😴 😮 🙂 😃
		😐 😴 😮 🙂 😃
		😐 😴 😮 🙂 😃
		😐 😴 😮 🙂 😃

Notes _____

_____

_____

Ratings ☆ ☆ ☆ ☆ ☆   **Mood**   😃

Artist _____

Album _____   Year _____

Track Name	Notes	Mood
		😐 😌 😮 🙂 😀
		😐 😌 😮 🙂 😀
		😐 😌 😮 🙂 😀
		😐 😌 😮 🙂 😀
		😐 😌 😮 🙂 😀
		😐 😌 😮 🙂 😀
		😐 😌 😮 🙂 😀
		😐 😌 😮 🙂 😀
		😐 😌 😮 🙂 😀
		😐 😌 😮 🙂 😀
		😐 😌 😮 🙂 😀
		😐 😌 😮 🙂 😀
		😐 😌 😮 🙂 😀
		😐 😌 😮 🙂 😀
		😐 😌 😮 🙂 😀
		😐 😌 😮 🙂 😀
		😐 😌 😮 🙂 😀
		😐 😌 😮 🙂 😀

Notes _____

_____

_____

Ratings ☆ ☆ ☆ ☆ ☆   **Mood**  😐 😌 😮 🙂 😀

Artist _____

Album _____   Year _____

Track Name	Notes	Mood
		😐 😮 😯 🙂 😄
		😐 😮 😯 🙂 😄
		😐 😮 😯 🙂 😄
		😐 😮 😯 🙂 😄
		😐 😮 😯 🙂 😄
		😐 😮 😯 🙂 😄
		😐 😮 😯 🙂 😄
		😐 😮 😯 🙂 😄
		😐 😮 😯 🙂 😄
		😐 😮 😯 🙂 😄
		😐 😮 😯 🙂 😄
		😐 😮 😯 🙂 😄
		😐 😮 😯 🙂 😄
		😐 😮 😯 🙂 😄
		😐 😮 😯 🙂 😄
		😐 😮 😯 🙂 😄
		😐 😮 😯 🙂 😄
		😐 😮 😯 🙂 😄

Notes _____

_____

_____

Ratings ☆ ☆ ☆ ☆ ☆   **Mood**

Artist

Album _____ Year _____

Track Name	Notes	Mood
		😐 😌 😮 🙂 😃
		😐 😌 😮 🙂 😃
		😐 😌 😮 🙂 😃
		😐 😌 😮 🙂 😃
		😐 😌 😮 🙂 😃
		😐 😌 😮 🙂 😃
		😐 😌 😮 🙂 😃
		😐 😌 😮 🙂 😃
		😐 😌 😮 🙂 😃
		😐 😌 😮 🙂 😃
		😐 😌 😮 🙂 😃
		😐 😌 😮 🙂 😃
		😐 😌 😮 🙂 😃
		😐 😌 😮 🙂 😃
		😐 😌 😮 🙂 😃
		😐 😌 😮 🙂 😃
		😐 😌 😮 🙂 😃
		😐 😌 😮 🙂 😃

Notes _____

_____

_____

Ratings ☆ ☆ ☆ ☆ ☆   **Mood**

Artist

Album _____   Year _____

Track Name	Notes	Mood
		😐 😔 😮 🙂 😀
		😐 😔 😮 🙂 😀
		😐 😔 😮 🙂 😀
		😐 😔 😮 🙂 😀
		😐 😔 😮 🙂 😀
		😐 😔 😮 🙂 😀
		😐 😔 😮 🙂 😀
		😐 😔 😮 🙂 😀
		😐 😔 😮 🙂 😀
		😐 😔 😮 🙂 😀
		😐 😔 😮 🙂 😀
		😐 😔 😮 🙂 😀
		😐 😔 😮 🙂 😀
		😐 😔 😮 🙂 😀
		😐 😔 😮 🙂 😀
		😐 😔 😮 🙂 😀
		😐 😔 😮 🙂 😀
		😐 😔 😮 🙂 😀

Notes _____

_____

_____

Ratings ☆ ☆ ☆ ☆ ☆   **Mood**

Artist

Album _____ Year _____

Track Name	Notes	Mood
		😐 😴 😮 🙂 😀
		😐 😴 😮 🙂 😀
		😐 😴 😮 🙂 😀
		😐 😴 😮 🙂 😀
		😐 😴 😮 🙂 😀
		😐 😴 😮 🙂 😀
		😐 😴 😮 🙂 😀
		😐 😴 😮 🙂 😀
		😐 😴 😮 🙂 😀
		😐 😴 😮 🙂 😀
		😐 😴 😮 🙂 😀
		😐 😴 😮 🙂 😀
		😐 😴 😮 🙂 😀
		😐 😴 😮 🙂 😀
		😐 😴 😮 🙂 😀
		😐 😴 😮 🙂 😀
		😐 😴 😮 🙂 😀
		😐 😴 😮 🙂 😀

Notes _____

_____

_____

Ratings ☆ ☆ ☆ ☆ ☆   **Mood** 😐 😴 😮 🙂 😀

Artist

Album _____ Year _____

Track Name	Notes	Mood
		😐 😌 😮 🙂 😀
		😐 😌 😮 🙂 😀
		😐 😌 😮 🙂 😀
		😐 😌 😮 🙂 😀
		😐 😌 😮 🙂 😀
		😐 😌 😮 🙂 😀
		😐 😌 😮 🙂 😀
		😐 😌 😮 🙂 😀
		😐 😌 😮 🙂 😀
		😐 😌 😮 🙂 😀
		😐 😌 😮 🙂 😀
		😐 😌 😮 🙂 😀
		😐 😌 😮 🙂 😀
		😐 😌 😮 🙂 😀
		😐 😌 😮 🙂 😀
		😐 😌 😮 🙂 😀
		😐 😌 😮 🙂 😀
		😐 😌 😮 🙂 😀

Notes _____

_____

_____

Ratings ☆ ☆ ☆ ☆ ☆   **Mood**

Artist

Album _____   Year _____

Track Name	Notes	Mood
		😐 😔 😮 🙂 😀
		😐 😔 😮 🙂 😀
		😐 😔 😮 🙂 😀
		😐 😔 😮 🙂 😀
		😐 😔 😮 🙂 😀
		😐 😔 😮 🙂 😀
		😐 😔 😮 🙂 😀
		😐 😔 😮 🙂 😀
		😐 😔 😮 🙂 😀
		😐 😔 😮 🙂 😀
		😐 😔 😮 🙂 😀
		😐 😔 😮 🙂 😀
		😐 😔 😮 🙂 😀
		😐 😔 😮 🙂 😀
		😐 😔 😮 🙂 😀
		😐 😔 😮 🙂 😀
		😐 😔 😮 🙂 😀
		😐 😔 😮 🙂 😀

Notes _____

_____

_____

Ratings ☆ ☆ ☆ ☆ ☆   **Mood**

Artist

Album _____ Year _____

Track Name	Notes	Mood
		🙂 😌 😮 🙂 😁
		🙂 😌 😮 🙂 😁
		🙂 😌 😮 🙂 😁
		🙂 😌 😮 🙂 😁
		🙂 😌 😮 🙂 😁
		🙂 😌 😮 🙂 😁
		🙂 😌 😮 🙂 😁
		🙂 😌 😮 🙂 😁
		🙂 😌 😮 🙂 😁
		🙂 😌 😮 🙂 😁
		🙂 😌 😮 🙂 😁
		🙂 😌 😮 🙂 😁
		🙂 😌 😮 🙂 😁
		🙂 😌 😮 🙂 😁
		🙂 😌 😮 🙂 😁
		🙂 😌 😮 🙂 😁
		🙂 😌 😮 🙂 😁
		🙂 😌 😮 🙂 😁

Notes _____

_____

_____

Ratings ☆ ☆ ☆ ☆ ☆   **Mood** 🙂 😌 😮 🙂 😁

Artist

Album _____ Year _____

Track Name	Notes	Mood
		😐 😴 😮 🙂 😄
		😐 😴 😮 🙂 😄
		😐 😴 😮 🙂 😄
		😐 😴 😮 🙂 😄
		😐 😴 😮 🙂 😄
		😐 😴 😮 🙂 😄
		😐 😴 😮 🙂 😄
		😐 😴 😮 🙂 😄
		😐 😴 😮 🙂 😄
		😐 😴 😮 🙂 😄
		😐 😴 😮 🙂 😄
		😐 😴 😮 🙂 😄
		😐 😴 😮 🙂 😄
		😐 😴 😮 🙂 😄
		😐 😴 😮 🙂 😄
		😐 😴 😮 🙂 😄
		😐 😴 😮 🙂 😄
		😐 😴 😮 🙂 😄

Notes _____

_____

_____

Ratings ☆ ☆ ☆ ☆ ☆   **Mood**

Artist

Album _____ Year _____

Track Name	Notes	Mood
		😐 😮 😲 🙂 😄
		😐 😮 😲 🙂 😄
		😐 😮 😲 🙂 😄
		😐 😮 😲 🙂 😄
		😐 😮 😲 🙂 😄
		😐 😮 😲 🙂 😄
		😐 😮 😲 🙂 😄
		😐 😮 😲 🙂 😄
		😐 😮 😲 🙂 😄
		😐 😮 😲 🙂 😄
		😐 😮 😲 🙂 😄
		😐 😮 😲 🙂 😄
		😐 😮 😲 🙂 😄
		😐 😮 😲 🙂 😄
		😐 😮 😲 🙂 😄
		😐 😮 😲 🙂 😄
		😐 😮 😲 🙂 😄
		😐 😮 😲 🙂 😄

Notes _____

_____

_____

Ratings ☆ ☆ ☆ ☆ ☆   **Mood**

Artist

Album   Year

Track Name	Notes	Mood
		🙂 😌 😮 🙂 😄
		🙂 😌 😮 🙂 😄
		🙂 😌 😮 🙂 😄
		🙂 😌 😮 🙂 😄
		🙂 😌 😮 🙂 😄
		🙂 😌 😮 🙂 😄
		🙂 😌 😮 🙂 😄
		🙂 😌 😮 🙂 😄
		🙂 😌 😮 🙂 😄
		🙂 😌 😮 🙂 😄
		🙂 😌 😮 🙂 😄
		🙂 😌 😮 🙂 😄
		🙂 😌 😮 🙂 😄
		🙂 😌 😮 🙂 😄
		🙂 😌 😮 🙂 😄
		🙂 😌 😮 🙂 😄
		🙂 😌 😮 🙂 😄
		🙂 😌 😮 🙂 😄

Notes

Ratings ☆ ☆ ☆ ☆ ☆   **Mood**

Artist

Album _____   Year _____

Track Name	Notes	Mood
		😐 😌 😮 🙂 😀
		😐 😌 😮 🙂 😀
		😐 😌 😮 🙂 😀
		😐 😌 😮 🙂 😀
		😐 😌 😮 🙂 😀
		😐 😌 😮 🙂 😀
		😐 😌 😮 🙂 😀
		😐 😌 😮 🙂 😀
		😐 😌 😮 🙂 😀
		😐 😌 😮 🙂 😀
		😐 😌 😮 🙂 😀
		😐 😌 😮 🙂 😀
		😐 😌 😮 🙂 😀
		😐 😌 😮 🙂 😀
		😐 😌 😮 🙂 😀
		😐 😌 😮 🙂 😀
		😐 😌 😮 🙂 😀
		😐 😌 😮 🙂 😀

Notes _____

_____

_____

Ratings ☆ ☆ ☆ ☆ ☆   **Mood**   😀

Artist

Album _____ Year _____

Track Name	Notes	Mood
		😐 😌 😲 😊 😃
		😐 😌 😲 😊 😃
		😐 😌 😲 😊 😃
		😐 😌 😲 😊 😃
		😐 😌 😲 😊 😃
		😐 😌 😲 😊 😃
		😐 😌 😲 😊 😃
		😐 😌 😲 😊 😃
		😐 😌 😲 😊 😃
		😐 😌 😲 😊 😃
		😐 😌 😲 😊 😃
		😐 😌 😲 😊 😃
		😐 😌 😲 😊 😃
		😐 😌 😲 😊 😃
		😐 😌 😲 😊 😃
		😐 😌 😲 😊 😃
		😐 😌 😲 😊 😃
		😐 😌 😲 😊 😃

Notes _____

_____

_____

Ratings ☆ ☆ ☆ ☆ ☆   **Mood**

Artist

Album _____ Year _____

Track Name	Notes	Mood
		😐 😴 😮 🙂 😀
		😐 😴 😮 🙂 😀
		😐 😴 😮 🙂 😀
		😐 😴 😮 🙂 😀
		😐 😴 😮 🙂 😀
		😐 😴 😮 🙂 😀
		😐 😴 😮 🙂 😀
		😐 😴 😮 🙂 😀
		😐 😴 😮 🙂 😀
		😐 😴 😮 🙂 😀
		😐 😴 😮 🙂 😀
		😐 😴 😮 🙂 😀
		😐 😴 😮 🙂 😀
		😐 😴 😮 🙂 😀
		😐 😴 😮 🙂 😀
		😐 😴 😮 🙂 😀
		😐 😴 😮 🙂 😀
		😐 😴 😮 🙂 😀

Notes _____

_____

_____

Ratings ☆ ☆ ☆ ☆ ☆   **Mood**

Artist

Album _____   Year _____

Track Name	Notes	Mood
		😐 😔 😲 🙂 😄
		😐 😔 😲 🙂 😄
		😐 😔 😲 🙂 😄
		😐 😔 😲 🙂 😄
		😐 😔 😲 🙂 😄
		😐 😔 😲 🙂 😄
		😐 😔 😲 🙂 😄
		😐 😔 😲 🙂 😄
		😐 😔 😲 🙂 😄
		😐 😔 😲 🙂 😄
		😐 😔 😲 🙂 😄
		😐 😔 😲 🙂 😄
		😐 😔 😲 🙂 😄
		😐 😔 😲 🙂 😄
		😐 😔 😲 🙂 😄
		😐 😔 😲 🙂 😄
		😐 😔 😲 🙂 😄
		😐 😔 😲 🙂 😄

Notes _____

_____

_____

Ratings ☆ ☆ ☆ ☆ ☆   **Mood**

Artist

Album _____ Year _____

Track Name	Notes	Mood
		😐 😴 😮 😊 😃
		😐 😴 😮 😊 😃
		😐 😴 😮 😊 😃
		😐 😴 😮 😊 😃
		😐 😴 😮 😊 😃
		😐 😴 😮 😊 😃
		😐 😴 😮 😊 😃
		😐 😴 😮 😊 😃
		😐 😴 😮 😊 😃
		😐 😴 😮 😊 😃
		😐 😴 😮 😊 😃
		😐 😴 😮 😊 😃
		😐 😴 😮 😊 😃
		😐 😴 😮 😊 😃
		😐 😴 😮 😊 😃
		😐 😴 😮 😊 😃
		😐 😴 😮 😊 😃
		😐 😴 😮 😊 😃

Notes _____

_____

_____

Ratings ☆ ☆ ☆ ☆ ☆   **Mood**   😃

Artist

Album _____ Year _____

Track Name	Notes	Mood
		😐 😴 😣 😊 😃
		😐 😴 😣 😊 😃
		😐 😴 😣 😊 😃
		😐 😴 😣 😊 😃
		😐 😴 😣 😊 😃
		😐 😴 😣 😊 😃
		😐 😴 😣 😊 😃
		😐 😴 😣 😊 😃
		😐 😴 😣 😊 😃
		😐 😴 😣 😊 😃
		😐 😴 😣 😊 😃
		😐 😴 😣 😊 😃
		😐 😴 😣 😊 😃
		😐 😴 😣 😊 😃
		😐 😴 😣 😊 😃
		😐 😴 😣 😊 😃
		😐 😴 😣 😊 😃
		😐 😴 😣 😊 😃

Notes _____

_____

_____

Ratings ☆ ☆ ☆ ☆ ☆   **Mood**

Artist

Album _____   Year _____

Track Name	Notes	Mood
		😐 😴 😮 🙂 😄
		😐 😴 😮 🙂 😄
		😐 😴 😮 🙂 😄
		😐 😴 😮 🙂 😄
		😐 😴 😮 🙂 😄
		😐 😴 😮 🙂 😄
		😐 😴 😮 🙂 😄
		😐 😴 😮 🙂 😄
		😐 😴 😮 🙂 😄
		😐 😴 😮 🙂 😄
		😐 😴 😮 🙂 😄
		😐 😴 😮 🙂 😄
		😐 😴 😮 🙂 😄
		😐 😴 😮 🙂 😄
		😐 😴 😮 🙂 😄
		😐 😴 😮 🙂 😄
		😐 😴 😮 🙂 😄
		😐 😴 😮 🙂 😄

Notes _____

_____

_____

Ratings ☆ ☆ ☆ ☆ ☆   **Mood**

Artist

Album _____   Year _____

Track Name	Notes	Mood
		😐 😌 😮 🙂 😀
		😐 😌 😮 🙂 😀
		😐 😌 😮 🙂 😀
		😐 😌 😮 🙂 😀
		😐 😌 😮 🙂 😀
		😐 😌 😮 🙂 😀
		😐 😌 😮 🙂 😀
		😐 😌 😮 🙂 😀
		😐 😌 😮 🙂 😀
		😐 😌 😮 🙂 😀
		😐 😌 😮 🙂 😀
		😐 😌 😮 🙂 😀
		😐 😌 😮 🙂 😀
		😐 😌 😮 🙂 😀
		😐 😌 😮 🙂 😀
		😐 😌 😮 🙂 😀
		😐 😌 😮 🙂 😀
		😐 😌 😮 🙂 😀

Notes _____

_____

_____

Ratings ☆ ☆ ☆ ☆ ☆   **Mood**

Artist

Album   Year

Track Name	Notes	Mood
		😐 😌 😮 🙂 😀
		😐 😌 😮 🙂 😀
		😐 😌 😮 🙂 😀
		😐 😌 😮 🙂 😀
		😐 😌 😮 🙂 😀
		😐 😌 😮 🙂 😀
		😐 😌 😮 🙂 😀
		😐 😌 😮 🙂 😀
		😐 😌 😮 🙂 😀
		😐 😌 😮 🙂 😀
		😐 😌 😮 🙂 😀
		😐 😌 😮 🙂 😀
		😐 😌 😮 🙂 😀
		😐 😌 😮 🙂 😀
		😐 😌 😮 🙂 😀
		😐 😌 😮 🙂 😀
		😐 😌 😮 🙂 😀
		😐 😌 😮 🙂 😀

Notes

Ratings ☆ ☆ ☆ ☆ ☆   **Mood**   😀

Artist

Album _____ Year _____

Track Name	Notes	Mood
		🙂 😌 😮 🙂 😄
		🙂 😌 😮 🙂 😄
		🙂 😌 😮 🙂 😄
		🙂 😌 😮 🙂 😄
		🙂 😌 😮 🙂 😄
		🙂 😌 😮 🙂 😄
		🙂 😌 😮 🙂 😄
		🙂 😌 😮 🙂 😄
		🙂 😌 😮 🙂 😄
		🙂 😌 😮 🙂 😄
		🙂 😌 😮 🙂 😄
		🙂 😌 😮 🙂 😄
		🙂 😌 😮 🙂 😄
		🙂 😌 😮 🙂 😄
		🙂 😌 😮 🙂 😄
		🙂 😌 😮 🙂 😄
		🙂 😌 😮 🙂 😄
		🙂 😌 😮 🙂 😄

Notes _____

_____

_____

Ratings ☆ ☆ ☆ ☆ ☆   **Mood**

Artist

Album _____ Year _____

Track Name	Notes	Mood
		☺ ☺ ☺ ☺ ☺
		☺ ☺ ☺ ☺ ☺
		☺ ☺ ☺ ☺ ☺
		☺ ☺ ☺ ☺ ☺
		☺ ☺ ☺ ☺ ☺
		☺ ☺ ☺ ☺ ☺
		☺ ☺ ☺ ☺ ☺
		☺ ☺ ☺ ☺ ☺
		☺ ☺ ☺ ☺ ☺
		☺ ☺ ☺ ☺ ☺
		☺ ☺ ☺ ☺ ☺
		☺ ☺ ☺ ☺ ☺
		☺ ☺ ☺ ☺ ☺
		☺ ☺ ☺ ☺ ☺
		☺ ☺ ☺ ☺ ☺
		☺ ☺ ☺ ☺ ☺
		☺ ☺ ☺ ☺ ☺
		☺ ☺ ☺ ☺ ☺

Notes _____

_____

_____

Ratings ☆ ☆ ☆ ☆ ☆   **Mood**

Artist

Album _____   Year _____

Track Name	Notes	Mood
		🙂 😌 😮 😊 😀
		🙂 😌 😮 😊 😀
		🙂 😌 😮 😊 😀
		🙂 😌 😮 😊 😀
		🙂 😌 😮 😊 😀
		🙂 😌 😮 😊 😀
		🙂 😌 😮 😊 😀
		🙂 😌 😮 😊 😀
		🙂 😌 😮 😊 😀
		🙂 😌 😮 😊 😀
		🙂 😌 😮 😊 😀
		🙂 😌 😮 😊 😀
		🙂 😌 😮 😊 😀
		🙂 😌 😮 😊 😀
		🙂 😌 😮 😊 😀
		🙂 😌 😮 😊 😀
		🙂 😌 😮 😊 😀
		🙂 😌 😮 😊 😀

Notes _____

_____

_____

Ratings ☆ ☆ ☆ ☆ ☆   **Mood**

Artist

Album _____ Year _____

Track Name	Notes	Mood
		😐 😌 😠 🙂 😃
		😐 😌 😠 🙂 😃
		😐 😌 😠 🙂 😃
		😐 😌 😠 🙂 😃
		😐 😌 😠 🙂 😃
		😐 😌 😠 🙂 😃
		😐 😌 😠 🙂 😃
		😐 😌 😠 🙂 😃
		😐 😌 😠 🙂 😃
		😐 😌 😠 🙂 😃
		😐 😌 😠 🙂 😃
		😐 😌 😠 🙂 😃
		😐 😌 😠 🙂 😃
		😐 😌 😠 🙂 😃
		😐 😌 😠 🙂 😃
		😐 😌 😠 🙂 😃
		😐 😌 😠 🙂 😃
		😐 😌 😠 🙂 😃

Notes _____

_____

_____

Ratings ☆ ☆ ☆ ☆ ☆   **Mood**

Artist

Album _____ Year _____

Track Name	Notes	Mood
		😐 😴 😮 😊 😁
		😐 😴 😮 😊 😁
		😐 😴 😮 😊 😁
		😐 😴 😮 😊 😁
		😐 😴 😮 😊 😁
		😐 😴 😮 😊 😁
		😐 😴 😮 😊 😁
		😐 😴 😮 😊 😁
		😐 😴 😮 😊 😁
		😐 😴 😮 😊 😁
		😐 😴 😮 😊 😁
		😐 😴 😮 😊 😁
		😐 😴 😮 😊 😁
		😐 😴 😮 😊 😁
		😐 😴 😮 😊 😁
		😐 😴 😮 😊 😁
		😐 😴 😮 😊 😁
		😐 😴 😮 😊 😁

Notes _____

_____

_____

Ratings ☆ ☆ ☆ ☆ ☆   **Mood**

Artist

Album _____ Year _____

Track Name	Notes	Mood
		😐 😪 😮 🙂 😀
		😐 😪 😮 🙂 😀
		😐 😪 😮 🙂 😀
		😐 😪 😮 🙂 😀
		😐 😪 😮 🙂 😀
		😐 😪 😮 🙂 😀
		😐 😪 😮 🙂 😀
		😐 😪 😮 🙂 😀
		😐 😪 😮 🙂 😀
		😐 😪 😮 🙂 😀
		😐 😪 😮 🙂 😀
		😐 😪 😮 🙂 😀
		😐 😪 😮 🙂 😀
		😐 😪 😮 🙂 😀
		😐 😪 😮 🙂 😀
		😐 😪 😮 🙂 😀
		😐 😪 😮 🙂 😀
		😐 😪 😮 🙂 😀

Notes _____

_____

_____

Ratings ☆ ☆ ☆ ☆ ☆   **Mood**

Artist

Album _____   Year _____

Track Name	Notes	Mood
		😐 😌 😮 🙂 😀
		😐 😌 😮 🙂 😀
		😐 😌 😮 🙂 😀
		😐 😌 😮 🙂 😀
		😐 😌 😮 🙂 😀
		😐 😌 😮 🙂 😀
		😐 😌 😮 🙂 😀
		😐 😌 😮 🙂 😀
		😐 😌 😮 🙂 😀
		😐 😌 😮 🙂 😀
		😐 😌 😮 🙂 😀
		😐 😌 😮 🙂 😀
		😐 😌 😮 🙂 😀
		😐 😌 😮 🙂 😀
		😐 😌 😮 🙂 😀
		😐 😌 😮 🙂 😀
		😐 😌 😮 🙂 😀
		😐 😌 😮 🙂 😀

Notes _____

_____

_____

Ratings ☆ ☆ ☆ ☆ ☆   **Mood**

Artist

Album _____ Year _____

Track Name	Notes	Mood
		😐 😴 😮 🙂 😃
		😐 😴 😮 🙂 😃
		😐 😴 😮 🙂 😃
		😐 😴 😮 🙂 😃
		😐 😴 😮 🙂 😃
		😐 😴 😮 🙂 😃
		😐 😴 😮 🙂 😃
		😐 😴 😮 🙂 😃
		😐 😴 😮 🙂 😃
		😐 😴 😮 🙂 😃
		😐 😴 😮 🙂 😃
		😐 😴 😮 🙂 😃
		😐 😴 😮 🙂 😃
		😐 😴 😮 🙂 😃
		😐 😴 😮 🙂 😃
		😐 😴 😮 🙂 😃
		😐 😴 😮 🙂 😃
		😐 😴 😮 🙂 😃

Notes _____

_____

_____

Ratings ☆ ☆ ☆ ☆ ☆   **Mood** 😐 😴 😮 🙂 😃

Artist

Album _____   Year _____

Track Name	Notes	Mood
		😐 😌 😮 😊 😄
		😐 😌 😮 😊 😄
		😐 😌 😮 😊 😄
		😐 😌 😮 😊 😄
		😐 😌 😮 😊 😄
		😐 😌 😮 😊 😄
		😐 😌 😮 😊 😄
		😐 😌 😮 😊 😄
		😐 😌 😮 😊 😄
		😐 😌 😮 😊 😄
		😐 😌 😮 😊 😄
		😐 😌 😮 😊 😄
		😐 😌 😮 😊 😄
		😐 😌 😮 😊 😄
		😐 😌 😮 😊 😄
		😐 😌 😮 😊 😄
		😐 😌 😮 😊 😄
		😐 😌 😮 😊 😄

Notes _____

_____

_____

Ratings ☆ ☆ ☆ ☆ ☆   **Mood** 😐 😌 😮 😊 😄

Artist

Album _____ Year _____

Track Name	Notes	Mood
		😐 😮 😯 🙂 😄
		😐 😮 😯 🙂 😄
		😐 😮 😯 🙂 😄
		😐 😮 😯 🙂 😄
		😐 😮 😯 🙂 😄
		😐 😮 😯 🙂 😄
		😐 😮 😯 🙂 😄
		😐 😮 😯 🙂 😄
		😐 😮 😯 🙂 😄
		😐 😮 😯 🙂 😄
		😐 😮 😯 🙂 😄
		😐 😮 😯 🙂 😄
		😐 😮 😯 🙂 😄
		😐 😮 😯 🙂 😄
		😐 😮 😯 🙂 😄
		😐 😮 😯 🙂 😄
		😐 😮 😯 🙂 😄

Notes _____

_____

_____

Ratings ☆ ☆ ☆ ☆ ☆ **Mood**

Artist

Album _____ Year _____

Track Name	Notes	Mood
		🙂 🙂 🙂 🙂 🙂
		🙂 🙂 🙂 🙂 🙂
		🙂 🙂 🙂 🙂 🙂
		🙂 🙂 🙂 🙂 🙂
		🙂 🙂 🙂 🙂 🙂
		🙂 🙂 🙂 🙂 🙂
		🙂 🙂 🙂 🙂 🙂
		🙂 🙂 🙂 🙂 🙂
		🙂 🙂 🙂 🙂 🙂
		🙂 🙂 🙂 🙂 🙂
		🙂 🙂 🙂 🙂 🙂
		🙂 🙂 🙂 🙂 🙂
		🙂 🙂 🙂 🙂 🙂
		🙂 🙂 🙂 🙂 🙂
		🙂 🙂 🙂 🙂 🙂
		🙂 🙂 🙂 🙂 🙂
		🙂 🙂 🙂 🙂 🙂
		🙂 🙂 🙂 🙂 🙂

Notes _____

_____

_____

_____

Ratings ☆ ☆ ☆ ☆ ☆   **Mood**

Artist

Album _____   Year _____

Track Name	Notes	Mood
		😐 😌 😮 🙂 😃
		😐 😌 😮 🙂 😃
		😐 😌 😮 🙂 😃
		😐 😌 😮 🙂 😃
		😐 😌 😮 🙂 😃
		😐 😌 😮 🙂 😃
		😐 😌 😮 🙂 😃
		😐 😌 😮 🙂 😃
		😐 😌 😮 🙂 😃
		😐 😌 😮 🙂 😃
		😐 😌 😮 🙂 😃
		😐 😌 😮 🙂 😃
		😐 😌 😮 🙂 😃
		😐 😌 😮 🙂 😃
		😐 😌 😮 🙂 😃
		😐 😌 😮 🙂 😃
		😐 😌 😮 🙂 😃
		😐 😌 😮 🙂 😃

Notes _____

_____

_____

Ratings ☆ ☆ ☆ ☆ ☆   **Mood**

Artist

Album _____ Year _____

Track Name	Notes	Mood
		😐 😌 😮 🙂 😄
		😐 😌 😮 🙂 😄
		😐 😌 😮 🙂 😄
		😐 😌 😮 🙂 😄
		😐 😌 😮 🙂 😄
		😐 😌 😮 🙂 😄
		😐 😌 😮 🙂 😄
		😐 😌 😮 🙂 😄
		😐 😌 😮 🙂 😄
		😐 😌 😮 🙂 😄
		😐 😌 😮 🙂 😄
		😐 😌 😮 🙂 😄
		😐 😌 😮 🙂 😄
		😐 😌 😮 🙂 😄
		😐 😌 😮 🙂 😄
		😐 😌 😮 🙂 😄
		😐 😌 😮 🙂 😄
		😐 😌 😮 🙂 😄

Notes _____

_____

_____

Ratings ☆ ☆ ☆ ☆ ☆   **Mood** 😐 😌 😮 🙂 😄

Artist

Album

Year

Track Name	Notes	Mood
		😐 😮 😲 😊 😃
		😐 😮 😲 😊 😃
		😐 😮 😲 😊 😃
		😐 😮 😲 😊 😃
		😐 😮 😲 😊 😃
		😐 😮 😲 😊 😃
		😐 😮 😲 😊 😃
		😐 😮 😲 😊 😃
		😐 😮 😲 😊 😃
		😐 😮 😲 😊 😃
		😐 😮 😲 😊 😃
		😐 😮 😲 😊 😃
		😐 😮 😲 😊 😃
		😐 😮 😲 😊 😃
		😐 😮 😲 😊 😃
		😐 😮 😲 😊 😃
		😐 😮 😲 😊 😃
		😐 😮 😲 😊 😃

Notes

Ratings ☆ ☆ ☆ ☆ ☆   **Mood**  😐 😮 😲 😊 😃

Artist

Album _____ Year _____

Track Name	Notes	Mood
		😐 😌 😮 🙂 😃
		😐 😌 😮 🙂 😃
		😐 😌 😮 🙂 😃
		😐 😌 😮 🙂 😃
		😐 😌 😮 🙂 😃
		😐 😌 😮 🙂 😃
		😐 😌 😮 🙂 😃
		😐 😌 😮 🙂 😃
		😐 😌 😮 🙂 😃
		😐 😌 😮 🙂 😃
		😐 😌 😮 🙂 😃
		😐 😌 😮 🙂 😃
		😐 😌 😮 🙂 😃
		😐 😌 😮 🙂 😃
		😐 😌 😮 🙂 😃
		😐 😌 😮 🙂 😃
		😐 😌 😮 🙂 😃
		😐 😌 😮 🙂 😃

Notes _____

_____

_____

Ratings ☆ ☆ ☆ ☆ ☆   **Mood**

Artist

Album _____   Year _____

Track Name	Notes	Mood
		🙂 😌 😮 😊 😃
		🙂 😌 😮 😊 😃
		🙂 😌 😮 😊 😃
		🙂 😌 😮 😊 😃
		🙂 😌 😮 😊 😃
		🙂 😌 😮 😊 😃
		🙂 😌 😮 😊 😃
		🙂 😌 😮 😊 😃
		🙂 😌 😮 😊 😃
		🙂 😌 😮 😊 😃
		🙂 😌 😮 😊 😃
		🙂 😌 😮 😊 😃
		🙂 😌 😮 😊 😃
		🙂 😌 😮 😊 😃
		🙂 😌 😮 😊 😃
		🙂 😌 😮 😊 😃
		🙂 😌 😮 😊 😃
		🙂 😌 😮 😊 😃

Notes

_____

_____

_____

Ratings ☆ ☆ ☆ ☆ ☆   **Mood**

Artist

Album _____ Year _____

Track Name	Notes	Mood
		😐 😪 😮 🙂 😀
		😐 😪 😮 🙂 😀
		😐 😪 😮 🙂 😀
		😐 😪 😮 🙂 😀
		😐 😪 😮 🙂 😀
		😐 😪 😮 🙂 😀
		😐 😪 😮 🙂 😀
		😐 😪 😮 🙂 😀
		😐 😪 😮 🙂 😀
		😐 😪 😮 🙂 😀
		😐 😪 😮 🙂 😀
		😐 😪 😮 🙂 😀
		😐 😪 😮 🙂 😀
		😐 😪 😮 🙂 😀
		😐 😪 😮 🙂 😀
		😐 😪 😮 🙂 😀
		😐 😪 😮 🙂 😀
		😐 😪 😮 🙂 😀

Notes _____

_____

_____

Ratings ☆ ☆ ☆ ☆ ☆   **Mood** 😐 😪 😮 🙂 😀

CPSIA information can be obtained
at www.ICGtesting.com
Printed in the USA
BVHW050918190619
551408BV00025B/1453/P